Made in the USA
Coppell, TX
28 April 2022

77184963R00066